AF174466

ÁLBUM DE LOS VIAJES

ÁLBUM DE LOS VIAJES
Fernando Sánchez Mayo

Colección
AÑO XXV
(7)

Ilustración de cubierta
texture-6029290

Foto de la solapa
Archivo del autor

Diseño y maquetación
Detorres Editores

© 2025 Fernando Sánchez Mayo
© 2025 Detorres Editores (de la edición)

Calixto Torres, S.L.
|Sociedad Editora|
Calleja de los Afligidos, 2 ~ 14001 (Córdoba)
www.detorreseditores.es ~ ediciones@detorreseditores.es

Primera edición: marzo de 2025

ISBN: 978-84-10279-25-4
Depósito Legal: CO 549-2025

Impreso en España
Impreso por La imprenta de los libros

ÁLBUM DE LOS VIAJES

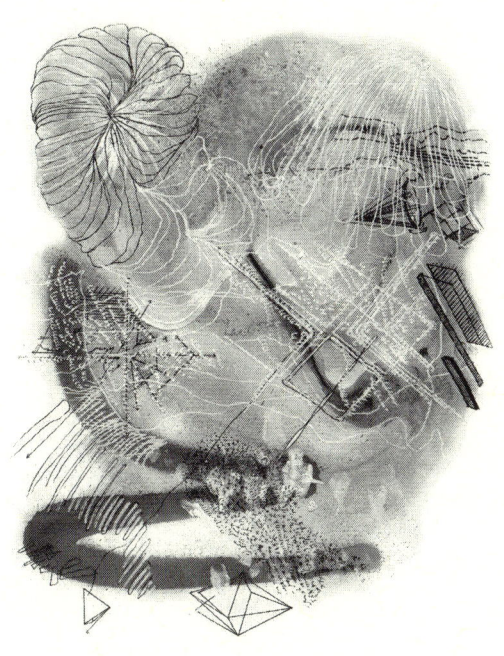

Fernando Sánchez Mayo

Año XXV
Colección de poesía

El poema de amor (...)
Debe decir la periferia urbana,
aceptar lo que ve por donde va,
y desde nuestros labios convertirse
en oda a las ciudades encendidas.

Juan Antonio González-Iglesias

Me sumerjo en las calles,
en la llama del sueño...

Manuel Gahete

Quisiera que los días y las ciudades que yo amé estén en ti,
pero ya están.

Manuel Vilas

Es menester lanzarnos al descubrimiento de nuevas ciudades.

Álvaro Mutis

I

LAS CIUDADES ENCENDIDAS

EN EL CEMENTERIO DE LA RECOLETA
DE BUENOS AIRES

La belleza del amor es un viaje interminable,
un grito de placer que nunca muere
en la hermosura infinita de la carne.

Recuerdo cómo girábamos juntos alrededor de nuestro
    sueño
bajo cúpulas bizantinas, barrocas o de cristal.
Y recuerdo la luz en nuestros rostros
iluminando el destino
que caía en nuestra frente como lenguas de fuego
bajando por las viejas claraboyas de los techos.

Fue algo sagrado cruzar bajo los arcos cogidos de la
    mano,
sentir la magia de lo nuevo bajo el umbral de la piedra,
la energía traspasándonos como una consagración.
El arte nos acompañaba como el alma acompaña al
    cuerpo
y besábamos la esperanza depositada
en las erguidas tumbas de nuestros ancestros:
el mármol acostado sobre los huesos
de aquellos que duermen eternamente en el pasado.

Quisimos morir de amor en aquel cementerio
abrazados a los símbolos de las religiones,

ser los mártires de un planeta en decadencia,
el emblema del futuro arraigado a la verdad.

Supimos de la belleza que se levanta frente a la muerte,
de la intención que subyace en la curva de los sarcófagos,
del derroche de los signos grabados en los mármoles
y del olor cobrizo de los cipreses
contagiando a la tarde de una liviana brisa.
El mundo estaba allí detenido para siempre
como un fotograma en tres dimensiones,
como un misterio resurgiendo de los sepulcros.

Había que partir, decir adiós a tanta belleza,
decir adiós con los ojos hipnotizados
mientras caminábamos hacia la salida
acariciando las fosas, los nichos, los cenotafios,
pues el mundo nos esperaba fuera, lleno de vida,
todo entero para nosotros.

LAS FOTOS DE VENECIA

Nosotros en el áureo paisaje de Venecia,
nuestro amor cruzando el puente de Los Suspiros,
nuestras manos unidas en los viejos pretiles
contemplando
las calles que son ríos de belleza.

Tu hermoso rostro en el hermoso rostro
de La Serenísima,
el deseo de eternidad flotando en el agua
como un espejo líquido.

Tú y yo mirándonos a los ojos, elevándonos
como en un éxtasis de sosegado arrebato.
La plaza de San Marcos ascendiendo con nosotros
en un vuelo de palomas mensajeras.

Mira. Aquí bajamos a la cruda realidad
que es el húmedo suelo.

Y esto era el mar cubriendo nuestros pies de seda.

Y aquí caminábamos sobre las aguas
como aquel Cristo lo hiciera en los días de Roma.

Venecia y nosotros por los viejos callejones
al abrigo de una frágil góndola,

al abrigo de una luna nueva y misteriosa,
al abrigo de una luz
que venía por los mares de Oriente
como una prodigiosa manifestación.

Tú y yo por el palacio Ducal
frente al hermoso fuego de su ínclita fachada,
escondidos tras las columnas del blanco pórtico,
la blancura de nuestro amor brillando
en el flamígero edificio como una insignia,
como una reliquia dispuesta a resplandecer
eternamente.

Venecia sin freno amando nuestro invicto amor,
amando la frescura, la inocencia y el deseo
que nacía como el sol de las mañanas.
Nosotros sin medida amándonos en Venecia,
nosotros, dos constelaciones alumbrando
a la eterna ciudad de la belleza.

UN VIAJE TRISTE A COPENHAGUE

Es noche, amor, en esta ciudad de Copenhague.
Todo aquí es noche fría
y hasta el viento huye
como un joven desbocado corcel indomable,
con la gélida niebla trabada en la garganta
igual que ahora está nuestro hermoso amor ahogado
por las espinosas ruinas tristes de la tarde,
tarde que sigue siendo noche oscura
en la oscura noche de Copenhague.

Que solo la Sirenita brilla y está lejos,
que solo los jardines brillan
y es un camino muy largo,
que solo Hans Christian Andersen brilla
y está muy triste en una estatua de Copenhague.

Volvamos al sol del sur. Cerremos las heridas
junto al cálido mar Mediterráneo.
Volvamos al sol del sur, a la vida en la calle.
Que tu sonrisa sea mi sonrisa,
que mis ojos el espejo donde puedas mirarte.

AQUEL VIAJE A ESTAMBUL

Llegamos a Estambul como quien llega a un edén,
como quien llega a una vida nueva,
pletóricos,
con la ilusión ardiendo en nuestros ojos,
con el deseo crepitando en nuestras bocas.
Era la plenitud de la belleza mirándonos
desde las altas cúpulas,
desde los espigados minaretes.

Caminamos descalzos
presintiendo un pasado en nuestros pies,
un remoto eterno pasado que se alejaba
perdido en la oscura ancestral noche y su misterio.
Todo resurgía de nuevo para nosotros
por entre las colinas
de lo que un día fue Bizancio o Constantinopla.

Fue hermoso intuir los grandes hitos de la historia,
contemplar el mar desde el puente Gálata,
detenernos en los apacibles miradores
con la emoción hirviendo
en aquel invisible recipiente
que eran nuestras almas
y comprender desde allí el esplendor y la ruina:
la criba del cosmos cerniendo el paso del tiempo.

Llegamos a Estambul buscando un rito, lo arcano,
eso extraño que duerme
en el ambiente votivo del aire.

Y lo vimos en la caligrafía,
esa hendidura de Dios hablando por los muros
de las viejas mezquitas
mientras nuestro deseo acariciaba
nuestro propio deseo,
mientras nuestro deseo acariciaba
lentamente
            los tersos signos del alifato,
con las manos unidas, enlazadas,
que reptaban por los viejos textos del Corán.

Lo vimos en la imparable danza giratoria
de los derviches ensimismados en su yo.

Y lo vimos, lo vimos en las místicas plazas,
en las sagradas calles del silencio,
en los tristes veladores de las teterías,
en los mágicos bazares de especias.

Sí, lo vimos en el atardecer sobre el Bósforo
desde aquella barcaza para dos
contemplando el ocaso:

Estambul vencida bajo su propio declive.

Estambul exhausta
ante su propia belleza y su muerte.
Estambul rendida ante nosotros, por ahora,
por siempre, por toda la eternidad.

UNA ESTANCIA EN CÁDIZ

El mar de Cádiz siempre fue llanura
y nosotros éramos su hermoso asentamiento,
la suave piel en el agua celeste
de aquella tarde que caía por el ocaso
de lo que antaño fue
la tierra que no existe.

Íbamos envueltos por la luz de la Caleta,
el principio de todo el Occidente,
como un misterio brillando bajo nuestros pies.
Una sensación nos miraba desde el pasado
y un leve murmullo nos hablaba con las olas
el difícil y arcaico lenguaje de los hombres.

Fuimos juntos de la mano por aquellas calles
que eran el fulgor detenido en sus blancas rejas,
y una etérea pureza adornaba las fachadas,
los portones, las aldabas, los ventanales:
el don del bienestar excitando nuestra vieja conciencia.

Nos besamos con los ojos perdidos,
sedientos, arrobados.
Nos besamos delante del Parque Genovés
porque toda belleza tiene su gran instante.
Y allí, sobre la cascada, la vida se erguía
como una dúctil seducción sobre el frágil tiempo.

La plenitud de vivirnos avivó una llama,
una luminaria que nos guiaba
por entre el gentío de una ciudad encantada,
hecha a la medida de nuestro amor,
a la medida de nuestro ávido deseo.

Toda la bahía miraba nuestra belleza
como un icono de amor saltando por la vida.

Y a la hora de partir lloramos de nostalgia
abrazados al viento
desde aquel largo y elevado puente
que cruza el mundo, las ideas, las emociones.

Dejábamos atrás la ciudad de los colores,
la ciudad del prodigio, del sosiego,
y en nuestra memoria se forjaba para siempre
el recuerdo de haber pisado un edén antiguo,
la puerta invisible que da al vergel de los frutos,
el jardín de todas las recompensas.

POR LAS CALLES DE CÓRDOBA

Siento que estoy vivo por estas calles,
por este antiguo barrio milenario,
que nuestro amor se enternece al contemplar las flores
en ese alegre patio de lo efímero
y que tú brillas como un astro en la madrugada
sobre el agua del pozo que nos mira.

Siento el poder del tiempo,
las huellas del pasado
mientras miro tus ojos heridos por la noche
y su leve nostalgia.

Siento la evocación de una vida, el silencio,
la paz hipnótica de los canalones de agua
golpeando con insistencia el dolor de la piedra.

Siento el halo que nos cubre, todas sus promesas,
el esplendor que fluye de la ruina,
el narcótico perfume de una dama de noche
embriagándonos del sueño que nunca nos despierta,
la dulce bondad de una Córdoba palpitante
mostrándonos los dones de su eterna belleza.

Siento que vibro contigo al lado, contemplando
el recóndito misterio de esta tarde,

con su rumor de fuentes, mientras vemos
la soledad suspendida en el aire
de las ocultas solitarias plazas.

Siento la fuerza invisible de los anchos muros,
de las viejas iglesias que duermen enterradas,
de las quiblas de todas las mezquitas que fueron
y de los alminares.

Y te siento a ti que paseas conmigo, tan cerca,
juntitos, abrazados.
Oh amor, por estas íntimas calles de Córdoba,
por estas calles de azahar que nunca serán olvido,
por estas calles que ya siempre serán memoria.

RECUERDOS DE PARÍS

París, nuestro amor, la poesía de Baudelaire,
la torre Eiffel, nosotros,
los versos de Verlaine, de Rimbaud, de Mallarmé,
el Sena, nosotros, la modernidad, la vida
abriéndose camino a nuestro paso,
Moulin Rouge, Toulouse Latrec, el célebre Picasso.

Nuestra mirada captando la luz que aún respira
por las viejas calles que fueron fuego,
ideas, subversión.

Nuestro amor enteramente desnudo,
nosotros despojados de artificio,
en cueros como pájaros errantes
sin destino, sin cadenas, sin Dios.

Música en el poema donde estamos tú y yo,
la Marsellesa al fondo de una calle
cantada por cien niños que perdieron su patria
en un fondo de flores con ruiseñor.
La chanson triste de Edith Piaf como una sombra
cercando nuestros besos, cercando muestro amor.

París, nosotros viviendo la resurrección
de aquel mayo del 68

de todos los mayos y sus rosas
que habitan en cada revolución.

París, nosotros en la torre de Montparnasse
contemplando la tarde que se apaga
en las mansardas de la ilusión.
Motmartre, Saint Germain, Le Marais,
Place de la Bastille, el Louvre, Notre Dame…
Recuerdos de París, que son recuerdos de amor.

POR LAS RUTAS DEL STREET ART

Tú y yo, amor, por las rutas del grafiti,
los solitarios sucios muros de las ciudades
y que ahora tienen alma y tienen luz y sombras,
y dioses creadores que viven en el olvido,
igual que nuestro amor será desdén o abandono
cuando el tiempo desconche las pinturas,
el brillo cegador que siempre será belleza
en la senescente piel que nos habita.

Aquí todavía ante las tapias de la luz,
ante las tapias vestidas del color del fuego,
el mismo color, la misma pasión
de aquel hermoso día ya lejano
cuando vestíamos nuestros anhelos
con el spray luminoso del deseo.

Tú y yo por las rutas del grafiti,
por viejos callejones,
por barrios marginales buscando en las paredes
la trágica invención de lo que somos,
buscando el triunfo, el placer, la derrota,
el olvido y la muerte.

BREVE VISITA A LAS RUINAS DE MEDINA AZAHARA

Vamos juntos pisando ruinas. El pasado
queda bajo nuestros pies reducido al tamaño
de los recuerdos, de los hitos y sus emblemas.

Cada trozo de ruina es una piedra preciosa,
una eterna caricia yaciendo para siempre
junto al sueño invencible de la tierra.
Cada trozo de ruina es una radiante gema,
un beso sagrado hecho añicos contra el suelo.

Vamos descalzos, amor, pisando los desastres
como un viejo faquir acostumbrado al derrumbe.
Tengamos cuidado, tengamos mucho cuidado,
cada piedra puede despertar de su letargo
y arañarnos con su dolor, con su enorme herida.

Vayamos de la mano buscando el equilibrio,
que los cascotes tienen sus aristas, cuchillos
que se revuelven al contacto con la vida.

Vamos juntos pisando ruinas que son tiempo,
nuestro tiempo detenido hundiéndose en la ceniza,
nuestro tiempo que fue clamor, belleza, alegría,
nuestro tiempo, la hermosa reliquia que amamos,
los despojos que un día fueron pasión, anhelo,

el volátil deseo que ahora es hierba dormida
sobre el quebrado infinito polvo del olvido.

¡Shhh! Salgamos en silencio,
dejemos en su dulce calma de estrellas,
dormitar a las ruinas.

UNAS CORTAS VACACIONES EN PROVINCETOWN

Salimos en barco desde Boston
dejando atrás una estela imborrable sobre el mar.
Los días eran largos, luminosos
como una quieta estampa veraniega
brillando igual que tú, amor, en aquella villa
sobre el viejo y colorido muelle del destino.

Qué podíamos hacer
sino vivir intensamente aquellas horas
entregados al blanco paisaje de la vida
y conducir las bicicletas como a caballos
por aquel híbrido territorio de Cape Cod.

Pedaleamos mañana y tarde,
libres como pájaros, como aves marinas,
y era la brisa del mar una tierna caricia
dando color a nuestros infatigables rostros.

Provincetown nos amaba con su viva luz,
con la alfombra de su llanura puesta a nuestros pies,
con ese deseo de quien ama al visitante.

Provincetown nos amaba
igual que nosotros amábamos su alma rosa,
el aura salvaje de su historia
y el flexible don de la transgresión.

Sí, en verdad Provincetown nos amaba,
nos envolvía con su bandera de colores,
el arcoíris cósmico del planeta
habitando como una fresca, rara fragancia
en la piel de los hombres.

Tú y yo sobre las bicis, henchidos, pletóricos,
dioses de un vergel antiguo, remoto en el tiempo,
dueños de una hermosa estrella que era nuestra guía.
Nosotros en las bicis por calles y por plazas
viviendo la libertad de ser lo que somos:
la esencia que mira al horizonte y su pureza,
la esencia que mira al horizonte y su verdad.

Nos fuimos de Provincetown felices, dichosos,
dejando atrás otra estela imborrable sobre el mar.

NAVEGANDO POR LA BAHÍA DE HA LONG

Navegábamos solos en un barco pequeño
remando sobre el agua,
vagando por el ancho líquido de la vida
como hormigas sobre una glauca hoja.

Éramos la estampa minúscula del paisaje,
la ínfima belleza acercándose a lo sublime:
el misterio de las islas gigantes en sus tronos,
mastodontes vergeles,
inmensos y verdes rascacielos sobre el mar,
colosos islotes de plenitud y de calma
clavándose en los ojos.

Tú y yo, lo insignificante comprendiendo lo enorme,
la imponente y alta belleza frente a nosotros
atravesándonos con su enorme inmensidad.

Apenas éramos nadie allí entre titanes,
tan solo un punto, una pequeña mota de nada,
y, sin embargo, qué grande era el resplandor
emanando de nosotros,
qué prodigiosa luz nacía de nuestra dicha
al contemplar la hermosura natural del planeta.

Nos perdimos mar adentro en el silencio oculto
que todo enigma muestra,

y oímos nuestra respiración como un seísmo
sacudiendo el límpido aire de Ha Long Bay.
Era el espíritu latiendo en aquel lugar,
el sobrecogimiento ante el extraño reflejo
brillando en las alturas.

Volvimos tras varias horas de contemplación,
después de haber subido a la cumbre de Tip top.
Y toda la tarde anduvimos absortos, quietos,
como si hubiéramos descubierto la voz del silencio
y estuviera ahora ella haciendo su trabajo,
lentamente,
en las múltiples cavidades de nuestra alma.

EN LA CAPILLA DE SAN SEVERO, NÁPOLES

Mira, amor, cómo conmueve este aparente silencio,
esta extraña beatitud de todos los sentidos.
No es solo el exuberante mármol quien nos habla
con su impasible y helado brillo de tristeza,
ni es el gesto o la historia que nos cuentan las estatuas,
hombres que se liberan de las redes del pecado.

Y no es solo el dolor depositado sobre tanta belleza
quien aquí nos susurra el misterio del arte,
ni tan siquiera es el Cristo que yace muerto y vive
bajo el velo transparente que es su propia eternidad.

Hay algo aquí que nos grita en su mutismo,
algo inexplicable, el interrogante, el enigma,
lo arcano flotando a la deriva de los hombres,
el infinito camino sin retorno,
el aliento que vaga como una odisea
en los pliegues de la luz.

Hay algo aquí que no tiene nombre y, sin embargo,
vive, respira entre nosotros, nos traspasa.
Es un deseo anclado que perdura
como una infinita exhalación
viviendo para siempre en lo invisible
de este barroco espacio.

ANTE EL MURO DE LAS LAMENTACIONES

Bendice nuestro amor, Jerusalén,
oh Santa Tierra de los prodigios.
Déjanos atravesar tus fronteras,
ser tus huéspedes por un día.

Venimos descalzos como los santos
que duermen el sueño eterno bajo tus ruinas.
Venimos descalzos
y hemos besado todas las piedras del camino,
piedras perfumadas y piedras ensangrentadas:
el vestigio que aún vive en los guijarros.

Míranos, oh Muro de las Lamentaciones,
mira cómo nos acercamos a tu presencia,
con qué sigilo avanzamos hacia ti, oh templo,
oh muro milenario,
oh hermosura antigua, sacra decrepitud,
costado de Dios, de su resistencia.

Y ahora te toco con la yema de mis dedos
y me sumerjo en mí,
en mi eterno deseo que vive aquí, contigo,
y te veo dentro de mi conciencia:
el líquido sinuoso de la química
estableciendo sus ambivalencias.

Y ahora te toco con la palma de mis manos
y te ruego que actúes con todo tu poder,
oh sublime templo, excelso muro,
pues te hablo con la humildad de los siervos
que esperan dóciles rendidos sobre la hierba.

Mira mi desposesión y mira mi riqueza,
y haz que se cumpla el sueño de la luz:
la palabra mostrándose como salvación
en la eterna escritura y su dorado artificio.

BAJO LA NIEVE DE VIENA

Amé sentir la nieve cayendo en mi rostro,
bendiciendo mi piel con su gélida caricia,
y bajo sus níveos copos dancé
como Fred Astaire lo hiciera en un plató de cine.

Era la nieve un frío innecesario, un acto
que llegó para cubrirnos con su pesada frialdad.
Te quejabas. Censurabas mi afán, mi locura
de entregarme a la nevada como un parapente
se entrega a los abismos.

Pero era Viena, amor.
Era Viena derramando su hermosa belleza
desde todas las cúpulas,
era Viena derramándose para nosotros
con el blanco maná de la abundancia.

Quién podría olvidar aquella tarde
cubiertos de aquel blanco resplandor,
aquel manto transformando nuestros rostros:
la profusión frente a la carencia,
lo copioso frente a la escasez.

Era Viena, amor, el símbolo de nuestras vidas,
la opulencia de nuestro amor brillando para siempre

en la fértil prosperidad de nuestros deseos,
en la fértil prosperidad del tiempo
y de las recompensas.

EL FARO DE MASPALOMAS

Recuerdo, amor,
el faro de Maspalomas al pie de la playa,
él estaba allí como un testigo mudo, cómplice.
Asumía el esplendor de los viejos reyes
que esperan a sus súbditos.

El faro de Maspalomas al pie de la playa,
allí frente a la inmensidad de un mar abierto,
incendiado de vida, de historia, de tiempo,
allí frente a nosotros,
la luz nuestra que lo alumbraba aquel día,
allí frente a todo como un coloso,
como el dios que todo lo ve y todo lo acepta.

El faro de Maspalomas sobre nuestras cabezas,
el ojo de los dones irradiando su magia
por las pequeñas rendijas de su alta atalaya.

Tú y yo
tendidos en la arena o nadando en el agua
entre el gentío de cuerpos desnudos al sol,
cuerpos que se aman y se desean,
como tú y como yo en aquel día ya lejano,
el comienzo de todo,
el sencillo inicio, la historia de nuestro amor
bajo el firme, robusto faro de Maspalomas.

UN PAISAJE ONÍRICO DE MANHATTAN

Veo un sol roto descendiendo por Manhattan,
una expansiva luz incendiando el hormigón,
la llama del ocaso quemando la piedra,
un bello paisaje acosado por la muerte.

Veo un sol licuado empapando el asfalto,
la derrota de unos niños jugando al destino
con las ranas dormidas de las aceras.

Veo la luna detenida en su antesala
esperando el turno triunfal sobre los puentes
mientras que una joven muchacha llora
la funesta fatalidad de su amor
tras los cristales translúcidos del tiempo.

Veo hombres vestidos de pingüino
asidos al asa manida de los trenes
cargando sobre sus hombros hundidos
el peso desmedido de la existencia.

Veo viejos milenarios cansados de vivir,
sembrando día a día la semilla de la destrucción
en el óvulo caliente de la tierra.

Veo el mar alejándose de la costa,
huyendo por la curva esférica del planeta

y veo la nada en las azoteas
bailando un ebrio vals con la muerte.

Veo crujir el delgado esqueleto de Manhattan,
resquebrajarse como un fósil
en la pesadilla onírica de un sueño.

Y me veo a mi en el vago aire enrarecido de la tarde
herido por la zozobra del viento nocturno
arrebatándome a la luz incierta y melancólica de tu
    nombre.

II

EN LOS MUSEOS

UN GUSANO INCORRUPTO SOBRE EL LIENZO
DEL JARDÍN DE LAS DELICIAS NOS HABLA

Soy un sueño perpetuo en el jardín de la dicha.
Miradme con vuestros listos ojos captadores
lo bien que reposo sobre los tiernos helechos.
¿Acaso no me veis porque solo os importa
la masa desnuda que deambula junto al río?

Vivo entre la lujuria,
pero yo solo como hojas de las moreras
y me desplazo como un ciempiés sobre el tiempo.
Miradme ojos captadores, estoy aquí,
en la eterna belleza del jardín que nunca muere.

Soy originario de la Casa de Nassau,
oled, oled el profundo aroma que desprendo.
Es verdad que nunca me pintó el Bosco,
pero habito aquí como flor seca, disecada,
como un testigo mudo de su obra.

No paséis de largo listos ojos captadores
sin mirar mi extensa frente cautiva,
sin acariciar con vuestra mirada
la silueta de mi sobrevenida muerte.

Mirad mi pobre y atávica alma atrapada

en la blanquísima piel sin anillos
sobre este exuberante lienzo de la vida.

Estoy aquí entre el infierno y el paraíso
desde hace cientos y cientos de años.
No paséis de largo.
Depositad vuestras pupilas un solo instante
sobre mi ansiado rostro.

Señalad con vuestro dedo que existo,
que una apagada luz de desconsuelo
duerme engolada en el lienzo
donde muero pétreamente.

Señaladme con vuestro dedo índice
para que al fin mi alma se despierte
y transmigre al reino de la liberación.

LOS OTROS GRITOS DE MUNCH

Mi grito es como el tuyo
y viene de antiguo. Está estancado
en la olla de un valle.
No hay respiración, solo eco,
igual que en la colina de Ekeberg.

Un niño como tú me llama cada segundo
con los tímpanos heridos de tanta desdicha,
con los tímpanos atascados: frío glacial
en el dorso de las cálidas manos.

Un niño como tú me llama cada segundo
y yo no le respondo.
No quiero abrir la caja de los truenos
ni oír su pasado temblar al ritmo del aire.

Un niño como tú, congelado por la piedra,
sigue detenido como un icono de tiempo,
quieto como aquella estatua de sal,
vivo como el verde corazón que lo sostiene.

Un niño como tú, arruinado e inconcluso,
me llama con el gesto de una explosión silente
y yo no le respondo.
                    Y me alejo,

me alejo como el tiempo se aleja del pasado,
y él sigue allí, igual que tú,
                    estático,
con el hondo dolor de toda la humanidad.

CONTEMPLANDO LA TORRE DE BABEL EN EL CUADRO DE BRUEGHEL EL VIEJO

El sueño del hombre está en las alturas.
Un cielo nos espera con su eterno vacío,
nos llama, nos incita, nos retiene.

Somos dioses conquistando a los dioses,
la ambición de ser no se sabe qué.

Proyectamos la materia en el espacio abierto,
la nada que será la historia de la misma nada,
el hormigón que será ruina sobre el tiempo,
los deseos como torres que serán fragmentos
del minúsculo polvo hasta el olvido.

Somos la invención de nosotros mismos,
el invisible yo reencarnado de quimeras,
la utopía ardiendo solitaria
en una eterna extinción.

El sueño del hombre está siempre arriba
con los ojos abismados de tanto destierro,
con los ojos perdidos
en la gélida frontera de la confusión.

El sueño del hombre mira a la cúspide,
al sol que se baña en nuestras pupilas

y las quema despacio
mientras busca la luz que hay en la luz de la existencia.

El sueño del hombre es vivir eternamente
porque uno sabe que se muere cada minuto,
y es mejor soñar cielos que morir de tristeza,
construir puentes que permanecer en la orilla,
elevar el día y la noche sobre el mar
antes que quedarse abajo esperando un milagro.

ACOTACIONES AL CUADRO "EL TRIBUTO", DE MASSACIO

El poder tiene sus vastos tentáculos
que hostigan y oprimen la sed del hombre.

El poder duerme en los labios de sus tiernas presas
y anestesia con sus lanzas el levantamiento
o cualquier barbarie pronunciada con la lengua.

El poder tiene palimpsestos en sus anaqueles
cuya caligrafía hierve en la metástasis del castigo.
¿Qué tributo pagamos por vivir?
¿Qué entregamos de nosotros y a quién?
¿A cambio de qué incógnita lo hacemos?

El poder nos entierra con su poder
y con gritos o educadamente nos corteja
en esa ceremonia nupcial de las promesas.

Quién alzará una réplica sin ser fustigado,
quién, qué ley disolverá la letra mal sonante
del terrible tratado de la robomanía.

Quién escribirá los versos de la condonación,
qué poeta dirá las verdades del catastro
con la única belleza del trigo.

Venid, venid a poner orden sobre las tumbas
antes de que suban el precio para morir;
abramos con llave todos los puertos fluviales
por si cada pez nos entregara un estatero,
las cuatro dracmas con que Cristo saldó su deuda.

Venid, venid a todos los caminos de ahora,
a los puentes aéreos, a los ferrocarriles…
Oh llanos abrevaderos de las autopistas
que graváis las pobres cuentas de los humildes,
por qué almorzáis con la boca de un animal,
las manos y las frentes
de un pueblo que solo quiere vivir,
de un pueblo inocente cuya única culpa es
ser la pobre masa que devoráis.

LA PRIMAVERA DE BOTTICELLI INSPIRA

En el bosque profundo de toda primavera
existe el alto concepto de la eterna dicha.

Oh exuberancia que te derramas
como radiante luz sobre los frutos,
dame de beber la licuada dulce armonía
que chorrea de los cuerpos por entre las flores,
sacia mi sed con la belleza húmeda
que es el aroma y el germen que nos da la vida,
y nómbrame novio de tus sentidos ahora,
porque quiero jurar sobre la brisa los votos
que me aten a ti por siempre y para siempre.

Déjame depositar sobre tus blancos pies,
sobre tus desnudos y levitados pies
el beso de la sublime alianza.

Hazme tuyo en la afinidad del vuelo,
allí donde yo remonte sobre mí mismo,
allí donde yo pueda contemplar el exceso
y su esplendor de siglos,
allí donde yo siempre pueda ser
el color luminoso que detenta
el soberbio júbilo de todas las mañanas,
en el más alto nido,

en la más alta atalaya del tiempo,
donde todo sea igual que una bella estampa
del paraíso vivo.

IGUAL QUE EN LA HUIDA A EGIPTO
EN EL FRESCO DE GIOTTO

La vida es siempre huida,
dejar atrás lo que no somos,
dejar atrás lo que nunca seremos.

Huir de la ruina, huir del miedo que se crece
cuya fría palabra tiene nombre de espanto,
desgastar las suelas contra el camino
hasta volar descalzos
por el paisaje de las amapolas,
sentir la evasión como fresca brisa
besándonos la frente, los labios del futuro,
sentir la fuga como un hilo que se desenreda
hasta dejarnos en la cruda verdad de lo que somos:
esqueleto final que nos sostiene.

La vida es huida a no se sabe dónde,
a no se sabe nunca qué lugar de nosotros
emigran nuestros miedos.

Huir de todo, huir de nada,
huir de nosotros mismos, huir por huir.
Es la deserción quien nos acompaña,
la que vive en nosotros
como un certero enigma,
la marca del hierro humeando de nuestra carne.

Desertamos cada minuto de nuestra vida,
desertamos del amor, de los actos,
huyendo a ninguna parte que es huir sin rumbo,
que es girar en la gran piedra de la evitación,
el mareante estado de la fuga
eludiendo la discordia y el enfrentamiento.

No preguntes qué pasa. Seguiremos huyendo
en la heroica cobardía de cada mañana.

UN DESCONOCIDO EXPLICANDO EL PANTOCRÁTOR EN EL ÁBSIDE DE LA IGLESIA SAN CLEMENTE DE TAULL

Toda la visión del mundo está aquí,
en la santa mano que nos bendice.
No hay más credo que su credo
ni más firme y literal creencia que la suya.

Mas venid, venid y acercaos todos.
Abrid vuestros ojos de búho y observad bien
el ciclo terminal de nuestra especie;
dilatad el cristal curvo de vuestras pupilas
hasta registrar en ellas la explosión del mundo.

Es llegada la hora
y el orden ha encajado en el número secreto,
el juicio final se acerca y está con nosotros,
oh ábside que contienes el aroma,
el intrínseco perfume de la eternidad;
henos aquí entregados a ti por entero,
tu fiel pueblo, cuya boca es un espanto mudo
que grita con los ojos
el atávico deseo de la salvación.

Mas venid, acercaos aún más.
Lo que veis no es solo el Cristo sentado

en su trono de la perpetuidad,
lo que veis no es solo su azul manto humanizado
ni su roja túnica tan divina
cubriendo un cuerpo sin perspectivas de futuro.

Lo que veis viene del alma inquieta del mundo
que se asombra al ver un rostro hierático y mudo,
un dios fuerte que nos mira sin vernos.

Lo que veis viene del extenso color de vuestras palabras,
del enigma del hombre
designando la clave,
preguntándose siempre a todas horas
qué es
el prodigio incomprensible de tanta existencia.

EL PERRO DE LOS ARNOLFINI EN EL CUADRO
DE JAN VAN EYCK ES QUIEN AQUÍ HABLA

¡Eh! Soy el perro de los Arnolfini.
No aparezco en el espejo, pero estoy aquí,
bajo las unidas blancas manos de mis dueños.

Sí, he tenido suerte en esta ciudad de Brujas,
y no me puedo quejar, pues nado en la abundancia.

Este día de 1434
acabo de cumplir los siete años.
A mi edad ya comprendo el lenguaje de mis amos,
diferencio un gesto adusto de otro más afable
o huelo la ambición desmedida de Giovanni.

Recuerdo esta sesión de pintura con Jan Van Eyck.
Su mirada hundía el mundo para construirlo de nuevo,
hablaba con las pupilas de sus tiernos ojos
y su olfato revolvía los pigmentos en el óleo
hasta acertar con el tono que buscaba.

Era lacónico, pero certero,
ordenaba de cinco en cinco minutos las posiciones
con su mágico ojo de cristal.
Era el hombre secreto del turbante,
la tenue y tronadora voz de las precisiones,

un hombre misterioso
cuyo único hálito de vida
venía del pulso sacrosanto de sus dedos.

Mi ama lo miraba con respeto y cierto miedo,
pues era tímida como un viejo sauce dormido
y esquivaba los ojos cuando él la miraba.
Qué pudor desprendía su tierno y blanco rostro
delante del gentío.
Era buena como el pan ácido de las mañanas.
Y yo la amaba tanto o más que su serio dueño.

Estoy en el óleo gracias a ella.
Jan Van Eyck se puso nervioso conmigo
porque no me estaba quieto.
Mi ama no quería cuadro si no estaba yo en él.
Por eso estoy en medio de mis dueños.
Y estoy feliz de vivir aquí en esta tela,
en este viejo recinto que es la eternidad.

EL CUARTO DE VINCENT VAN GOGH EN ARLÉS

El mínimo cuarto reduccionista
expandido al mundo lleva tu nombre,
lleva la extraña luz de una odisea,
oh peregrino interior de la nada
en la íntima recóndita imagen,
nipón de los espacios reducidos,
tesoro absoluto del descuadre,
dime qué buscabas en esa estancia,
qué color perturbó tu roja sangre
por el amarillo huidizo de la ventana.

En el aire flotas tú, invisible,
ahí está tu glacial voz y tu tiempo,
la atmósfera, tu rostro dibujado
en la línea expansiva de los ángulos,
con qué sencilla voz cantan las paredes moradas
desde tu lugar privilegiado.

LA MUERTE DE THOMAS CHATTERTON VISTA POR HENRY WALLIS, EN EL TATE GALLERY DE LONDRES

En la cálida alcoba aún respira el sueño
de un eterno muchacho muerto ya para siempre,
con su tez blanquecina de eterna juventud:
El joven y exhausto cuerpo perpetuamente dormido
sobre la viva luz de la mañana.

No es él quien se va con sus alas interiores,
—decía una voz misteriosa venida del aire—
los élitros profundos de su fuerza no envejecen.
Es un álgido resplandor quien se lo lleva
a la fría culminación del tiempo.

Ni la gélida soledad ni el atroz cuchillo
del hostil vacío
                    arrancaron su triste muerte,
pues todo vino de sus manos, blancas palomas,
oh aleteo palaciego de la escritura.

Tu secreto fue una llave invisible y hermosa,
el anhelo de la flor por esparcir su aroma,
la finura del canto escribiendo en el papel
la oscura metáfora de la noche.

Por eso te fuiste, oh adolescente arrebatado,

niño todavía, portento, triste heterónimo,
cúspide de la ingente dotación.

Por eso te fuiste, porque en tu afligida angustia
nadie te miró a los ojos ni tocó tu mano
con la cómplice caricia de la comprensión.

CHARLOTTE SALOMON

Dejó en el arca el legado que había en sus ojos:
una luz que borraba la vil muerte
de un pasado reciente
enfrentada a olvidar el deleznable suicidio.

Con tiernas pinceladas heredó del color
una blancura,
aquel útil gesto de la belleza
mostrándonos su alma.

Luego lo dobló todo,
y bien ordenado en una maleta
lo envió al futuro,
a la luminosa posteridad.

Era tan joven entre tanta senectud muerta,
tan virgen, tan angélica
en un mundo viciado por el mal,
que incluso el fulgor de su rostro fue una promesa
ligada al futuro, su verdad hecha mensaje.

Hay quien aún la ve levitando por los campos,
cerca de Auschwitz, errante;
una flor fresca con pinceles en las manos.

ANTE EL CUADRO DEL GUERNICA

Tú y yo ante el Guernica que nos mira,
el Guernica que somos,
la sombra que nos cubre,
el dolor que se eleva,
la triste resurrección de nuestro entendimiento,
la lucha explícita estampada contra el suelo
como una derrota de tiempo,
la hecatombe vibrando en los sentidos,
el oscuro infortunio de las tinieblas
gritando por las negras fauces de lo profundo
plasmado sobre el lienzo.

Tú y yo frente al Guernica,
los ojos abiertos, multiplicadas
las imágenes en cien mil pedazos,
rotas, astilladas frente al espejo
que son nuestras retinas.

Tú y yo, nuestro amor dinamitado
por la bomba interior que nos secunda,
el mal de la rosa negra
conviviendo con nosotros,
la patria y sus símbolos como una maldición,
el odio fratricida
de una España que se enfanga en el lodo.

El Guernica delante de nosotros,
atravesándonos como una lección de paz,
la didáctica de la inútil guerra
donde todos perdemos
el tesoro de la hermosa belleza,
donde todos perdemos
el tesoro de una clara, ínclita verdad.

EN EL HERMITAGE ANTE EL CUADRO "LA DANZA", DE MATISSE

Míralos cómo danzan perdidos sobre el tiempo,
sobre la luz y sobre el infinito espacio.
Míralos,
igual que nosotros, el círculo que somos,
la curva cósmica que nos une con los años,
la identificación,
la danza que nos hace resurgir,
la conciencia de ser dos: crecimiento.

Mira cómo danzan con sus tiernas emociones
igual que nosotros danzamos con nuestro amor,
hecho a nuestra infinita semejanza,
hecho al ritmo de la posesión y de la entrega.

Somos melodía vertiéndonos en la piel,
la eterna sonoridad del sublime universo
vibrando en las rejas de nuestros corazones.

La danza de Matisse, la danza de las estrellas,
que es el girar ciego, la inercia de la atracción,
nuestros bellos cuerpos gravitando frente a frente.

Oh equilibrio mágico, la hipérbole danza,
el juego de nuestras manos que nunca se alteran,
el juego de nuestros pies saltando por el aire,

el destino rojo del íntimo deseo,
el destino blanco de la compenetración.

Mira, amor, mira el cuadro. La danza de Matisse,
los cuerpos lánguidos en el vistoso color
de los resucitados, en el rito asumido,
en el trance vital del orden y la existencia,
la simetría que somos, que es donde nos vemos,
la comunión, el ensamblaje de nuestros cuerpos.

Mira, mira, somos nosotros. Es nuestra vida
la danza de Matisse,
nosotros bailando, detenidos en nosotros,
en nuestros ojos que también giran
en el ritmo acompasado que llevamos,
que es la órbita estelar del conocimiento.

Aquí estamos y esos somos nosotros:
ceremonia,
acuerdos, normas, leyes, costumbre, el laberinto
que refuerza nuestro amor y lo eleva y lo exhibe
para ser lo que somos, que es evento y belleza.

CONTEMPLANDO LOS ROSTROS DE FRANCIS BACON

Míralo,
ahí está el rostro de Francis Bacon,
los tres estudios de su autorretrato.

Míralo, es él ante su propia deformidad,
el desajuste de la carne trémula
agolpada en su propio regocijo,
la fealdad exhibiendo un estatus de grandeza
o quizás de rechazo,
la afirmación externa de lo intrínseco.

Cuánto dolor se revela en la acción del pincel,
cuánto visible miedo
sobre la atormentada cetrina tez grasienta,
ese cárdeno frío de la existencia,
el cauce contaminado de arterias
hacia la rota expansiva marisma
en el lento camino de la aniquilación.

Cuánta caída, cuánto triste derrumbamiento
por las sucias cloacas de la hedionda epidermis,
el desmoronamiento atroz del hombre,
la caída imparable de los dioses
que habitan en la Tierra.

Mira, ahí está
la lección de los años como una metáfora,
el reloj de cuantos habitamos este mundo.

Nos caemos a pedazos de nuestra propia vida,
nos rompemos como el frágil cristal hasta hundirnos,
hasta enterrarnos bajo la calcárea ceniza
que al fin nos ha de suceder.

CON LA LIBERTAD GUIANDO AL PUEBLO EN EL CUADRO DE EUGÉNE DELACROIX

Siento que formo parte de este cuadro,
que avanzo y que vibro en la activa escena
amasando la pasión junto al estallido y su júbilo.

También la razón avanza con el entusiasmo
y explosiona como fuegos artificiales:
la magia de la emoción haciendo piruetas en la mente.

Soy yo surgiendo feliz desde las barricadas,
un hijo vigoroso de la patria,
el viejo y efervescente romántico
que resucita con las utopías
y sueña el gran sueño de la nación.

Soy yo. Me veo junto al pueblo como una luz,
lo mismo que una ráfaga
dejando estelas zigzagueantes en la noche,
la curva libertina de una caligrafía
mostrando el porvenir de toda liberación.

Sí, soy yo el que avanza conmigo mismo,
el que encuentra en el copioso camino
la dulce y madura fruta del conocimiento,
el néctar adictivo de la libertad
rebasándose a sí misma como un cálido viento.

Soy yo guiándome por los extraños vericuetos,
por el laberinto del destino y la existencia,
la propia libertad empujando levemente
sobre mi espalda
como una transformante brisa de verano.

III

EL VIAJE INTERIOR

HAY UN VIAJERO EN MÍ

Hay un viajero en mí,
un hombre que se detiene en el hueco escanciado de las
    metrópolis,
un arqueólogo ensimismado en la curva cabalística de
    las huellas,
en el grosor del sedimento que yace sobre el olvido.

Hay un viajero en mí,
un hombre que diseña el silencio en el observatorio de
    la altitud
para saber qué ardoroso ímpetu se dota a sí misma la
    piedra
en su agravante estado místico,
para saber qué éxtasis domina a la sedentaria estática
    posición
por los siglos de los siglos.

Hay un viajero en mí,
un hombre que tantea con la magia de sus manos
el paisaje heterodoxo de las estaciones
y domeña con el halo enérgico de sus dedos
las formas que duermen el sueño inconcluso de la
    ambición.

Hay un viajero en mí,
un hombre que indaga en la belleza,

esa luz indiferente que nos huye,
esa voz que nos ciega la mirada mientras dejamos de
    respirar
por el ruinoso, alto voltaje de las impresiones.

Hay un viajero en mí,
un hombre que recorre los espacios dormidos de la
    memoria
y se para a escuchar en los recuerdos
el misterio de las voces asidas a la luz,
el misterio de la acción
actuando por el terraplén tumultuoso del tiempo.

Hay un viajero en mí,
un hombre que husmea en las cegueras
palpando el rostro envejecido de los hombres,
articulando con el fugaz olor
el mapa recóndito de los deseos perdidos
en las resonancias silenciosas de los llantos.

Hay un viajero en mí,
un hombre que se pregunta
el porqué las respuestas llegan tan seguras
ocupando el recinto categórico de las conclusiones
sin poner en duda la fragilidad de una infalible definición.

Hay un viajero en mí,
un hombre que explora el amor
por el roquedal más abrupto del deseo,

por el vasto misterio inveterado de la posesión y la
    desposesión,
por la fiel odisea de los instintos
que nos llevan a la ternura cotidiana de la especie.

Hay un viajero en mí,
un hombre que examina las raíces henchidas por el
    podrido dolor,
esa nave misteriosa de la queja,
ese estado oneroso que seca la saliva
y sube la cuesta agotando las penosas exclamaciones.

Hay un viajero en mí,
un hombre que se levanta cada mañana programado en
    los actos del día,
el autómata acelerando el devenir de las horas,
el hombre perdido en la prisa imparable de los tiempos,
rendido ya por el cansancio y el fatídico desgaste.

Hay un viajero en mí,
un hombre que lucha en su interior con la mirada
    extendida a lo lejos,
más allá de no se sabe qué línea establecida o imaginaria,
alguien conectado al horizonte del sueño y su libertad,
ese lugar siempre distanciado al que se acerca la utopía.

Hay un viajero en mí,
un hombre que observa el plácido vuelo de los pájaros
escribiendo

sobre el arco ostentoso del viento
la incógnita de los días y su interpretación.

Hay un viajero en mí,
un hombre que escudriña el armazón de las ciudades,
alguien que acaricia con los ojos el rostro cansado de los
    hombres
y toma el pulso al dolor
cuando aparece por el alto relieve de la tristeza.

Hay un viajero en mí,
un hombre que se extravía a sí mismo
cuando nada en la laguna obscena del vacío
o salta como suicida por el vano holgado de los miedos.

Hay un viajero en mí,
un hombre solo,
un ser a quien desconozco casi en su totalidad,
alguien que busca no se sabe qué esencia inescrutable del
    destino
una esencia expuesta siempre
sobre el labio sediento de la eternidad.

LA MAGIA DEL INSTANTE

Sé que la noche nos persigue con su traje oscuro,
que una luna nos llama
con su prestada y vaga luz de duende amarillo
y nos invita a cumplir el rito nupcial de las estrellas.

Pero tú no crees en la brisa de mis manos
cuando tocan tu rostro,
ni oyes el canto silencioso de las luciérnagas
y hasta dudas de que las hojas de los árboles
dancen conmigo para besarte.

Sé que la tierra tiembla de emoción
hablándome de ti en su lenguaje oculto,
que el inmenso mar de esta orilla
pronuncia tu nombre con voz exquisita,
que del bosque cercano
vienen ecos frondosos de amor
repitiendo con ternura el te quiero de la fascinación.

Pero tú no crees
en la sonrisa de las flores cuando duermen
ni en el mensaje secreto que portan las mariposas
al posarse sobre la hermosa piel de tus hombros.

Yo sé que tú no crees en los prodigios de la vida
por esa forma tuya que tienes de mirarme.

Sé que no crees, lo sé.
Por eso yo invoco a la magia del instante
y te muestro la música naciendo del ombligo de tu
    vientre,
y hago girar sobre ti a las rosas del jardín
recitando himnos antiguos,
y de tus mejillas hago nacer palomas
y caballos y la flor del heliotropo
como una infinita cuerda de donde cuelgan mil pájaros.

Por eso, porque no crees te desnudo de tus andrajos
y te visto con el ropaje de la luz,
y pongo alas a tus palabras,
y pongo viento a tus deseos para que los arrastre lejos
en celeridad y en cumplimiento,
para que así creas en mí y creas en ti,

y me ames, y te ames,
y ames al mundo que te espera en blanco
para que tú lo dibujes con el trazo tuyo
y lo llenes de ti,
de tu propio amor,
que es el amor de todos, que es el amor del mundo.

EXPLORACIONES

He contemplado el curso de los ríos
y siempre vi algo más que una corriente continua de agua.
Vi el peligro, la enseñanza, el sometimiento al cauce.

Fijé mi vista en el horizonte y supe que allí no se acababa
    el mundo,
que había un nuevo comienzo y otra nueva lejanía.

Quedé extasiado por los atardeceres reflejados en tu piel
y amé la gradación natural de la belleza,
las estampas de un sol derramándose por la llanura,
el espacio final de la muerte y sus múltiples formas.

Tuve un miedo tonto a la oscuridad
en los días de la niñez,
pero ahora sé que en las noches más oscuras
se aprecia siempre algún leve blancor
y la visión clarividente del hombre que medita
la odisea y su destino.

Hablé a los árboles y me escucharon
con los frutos de junio derritiéndose en mi boca,
y crecí hasta su altura,
y besé sus hojas dormidas en el aire
con gratitud y complacencia por el acto de la respiración.

Vi ojos limpios en la infancia de los niños
y comprendí qué frágil cristal es la luz con la que brillan.
Desde entonces rezo al dios que vive en la genética
y le imploro que resuelva positivamente
el mágico azaroso enigma de la selección.

Escuché la voz de las masas en días festivos y de asueto
y tuve miedo de la multitud,
del contagio irreverente de la sinrazón.

Busqué el refugio interior
para estar a salvo de los golpes que da la vida
y perdí muchas veces la conciencia y su realidad,
la libre libertad de ser una posición en el camino.

Miré al cielo en las noches estrelladas de septiembre
y sentí ser nada entre tanta nimiedad,
entre tanto escombro y miseria,
entre tanta esparcida desconsolación.

Pateé el corazón de las ciudades
siguiendo la estela del aire en las avenidas
hasta notar bajo mis pies el sudor del asfalto
como una inmensa lágrima de fuego
quemándome entre tanta solitaria muchedumbre.

Me acerqué a las viejas montañas y miré desde su altar
el valle infinito de los sueños
esperando un paraíso en la mañana de la resurrección.

Siempre quise llegar a no se sabe qué lugar de la vida,
allí donde pudiera ser alguien,
a ese extraño sitio de las reputaciones al que una madre
   aspira.
Y me quedé anclado aquí, entre el bien y el mal,
en la misma lucha fratricida de siempre.

EXTRANJERO DE MÍ MISMO

Soy el extranjero de mí mismo,
un eterno peregrino huyendo de los miedos,
el andariego inadaptado
en busca del paisaje y su calma.

Corro porque no vuelo
en la extraña prisa que me urge
y navego
de un lado a otro lado de mí mismo
en la repetida convulsión de los desastres.

Errante soy por la huella de mi propio tiempo
y me traslado con la impronta del arrojo
por los caminos del fracaso y del éxito.

No sé por qué me pierdo
explorando el suicidio cotidiano de los actos
ni sé por qué vivo en la interminable acción del
    desasosiego
cuando deambulo por palabras que son espinas
o transito por frases que son el mismo fuego.

No sé por qué ruedo sobre la tragedia infinita del destino
y me precipito al vacío inmenso
buscando en vano la hermosa soledad del solitario.

Solo el placer de lo nuevo me salva,
o solo, quizás,
el placer de lo no acostumbrado y de lo incierto.

RECONOCIMIENTOS

Tuve hambre y un manjar vino al instante a mi boca.

Tuve sed y un río líquido se desbordaba
por mis labios sedientos bajo un cielo de lluvia.

A mí llegaron trajes, atavíos, calzado con tan solo
    pensarlo.
Nunca supe qué ángel bondadoso calmó con la
    abundancia
mis deseos sublimes,

aunque cada mañana descubro en quien me sonríe
una parte de mi rostro.

LO QUE SÉ DEL AMOR

Lo que sé del amor ya no es fuego ni cenizas.

Atrás quedó el ardor hiriendo el rastrojo del deseo,
atrás quedaron los volcanes incendiando las palabras,
dejando la emoción y los afectos igual que fósiles
envueltos por el frío glacial de la noche.

Lo que sé del amor tiene forma de epitafio,
de sentencia con brillo de espada
que luego se diluye en el mágico tacto del tiempo.

Lo que sé del amor nos enseña la grafía del cerrojo
mientras pone punto final al golpe seco de las decisiones.

Lo que sé del amor no es ya el amor,
lo que sé del amor es un marasmo a la deriva de sí mismo,
el caos que se entrega al caos desde el caos
hasta perderse en los confines irresolutos y su distancia.

Lo que sé del amor es una enseña que se pierde en el
    viento,
agua evaporada en los extensos baldíos de la piel,
muerte y más muerte navegando entre la vida.

Lo que sé del amor no es nada
comparado con lo que sé de la nada y su eterno vacío,

comparado con lo que sé de la ignorancia
cuando reina en la triste posición y sus privilegios.

Lo que sé del amor es una incógnita topando con muros
    de acero,
la gigante interrogación guiñando intermitencias
en la ancha oscuridad de las metrópolis,
la duda resurgiendo a solas por el estrecho río de la
    injusticia.

Lo que sé del amor es una quimera rodando cuesta abajo,
el ovillo que atrae la carroña
mientras se esparce convirtiéndose en erizo,
el imán de las putrefacciones
ansiando una odisea de eterna liberación.

Lo que sé del amor no es luz sino sombra,
una alargada sombra de sospechas y de miedos,
una inmensa sombra cubriendo el porvenir y los
    prodigios.

Lo que sé del amor tiene trabas, nudos, amarres,
inseminando la noche hasta la madrugada
con la savia nueva de la insurrección.

DIARIO DE UNA LUCHA

I

Todo cuanto sabes no es ciencia infusa
ni es gracia ni don ni conocimiento
que alguien pudiera aprender en un manual.

Todo cuanto sabes viene de un túnel oscuro,
de una luz que se atisbara a lo lejos,
del poso, del olvido,
de aquella grieta abierta de la infancia,
de aquel dolor y de aquella sonrisa,
del recuerdo que gravita en tu mente,
de aquel secreto nunca revelado
cuando el mundo estalló frente a tus ojos.

Todo cuanto sabes viene de ayer
y vive aquí, oculto, semienterrado
en este lado eterno de tu sombra.

II

A veces siento que he crecido,
que amar por encima de todo y contra todo

ha tenido sus frutos,
que resistir no es estar tras una barricada
con viandas y misiles,
que es más bien todo lo contrario.

Resistir es despojarse de escudos y de armas
y ofrecerse en pecho abierto a la herida.

A veces siento que me elevo
por encima del dolor, de los miedos,
que ahora, el suplicio que me ahogaba,
duerme al fin bajo mis pies contra el duro suelo,
que toda infamia se diluye
con el mantra poderoso de la razón
y que las palabras hirientes que nacían de mi boca,
ya duermen enterradas para siempre
en el fondo marino de toda mi existencia.

III

Ahora sé rodearme por entero,
ponerme a mí mismo contra las cuerdas,
mirarme a los ojos
hasta claudicar de mi vano empeño
que es siempre la abyecta supremacía
escalando a su antojo
por mi pobre inocencia.

Ahora sé deshacerme de todo
cuanto me altera,
detenerme ante el peligro que me acecha,
mirar los abismos desde bien lejos,
darme órdenes y parar en seco
a la máquina que pueda llevarme a la rabia.

Ahora sé reconocerme desde mi yo,
desde este hueco inmenso de las emociones,
sonreír de una manera irónica
ante cualquier vil engaño que ellas me produzcan.

Ahora sé darme la media vuelta,
escrutar otros caminos, mirar al futuro:
ese horizonte que nunca termina.

Ahora sé las huellas que piso, su medida.

Ahora sé quién soy y a qué vengo.

IV

Caes de nuevo a tierra hecho añicos.

Cuanto más te alzas sobre el destino,
el golpe hiere más de lo que esperas

y la voz de la tristeza se ahueca
en un círculo obsceno de recia pesadumbre.

Atrás queda la aspiración manchada
por el vil propio ataque
y te ves a ti mismo como un sucio despojo:
un ser hundido en el mugriento barro,
el hombre que ha de comenzar de cero.

V

Qué me ha traído hasta aquí,
hasta esta larga e incierta dicha.

El silencio se impone
como un don necesario,
y miro al mundo como un asceta derrotado
tras la empañada y sucia atalaya de cristal:
el mismo triste paisaje envuelto en la costumbre.

Y cómplice sonrío a mi interior
acariciando la dulce rutina,
ese vaivén de la conducta y del hábito
viviendo aquí conmigo
al igual que una sublime cotidianidad.

VI

Hay algo de belleza en la caída,
en este derrumbe donde subyazco,
en este abismo que me tiene anclado hasta el fondo.

Hay algo de belleza en el dolor que me hunde,
en este extraño regocijo de la derrota,
en esto que pierdo cuando todo es imposible
y aflojo o desato toda resistencia.

Y es en esta desligadura cuando descubro
que perder no es morir sino vencer,
que un vivo gozo interior se mueve y me despierta
a la luz de una conciencia nueva, renovada.

Y es en esta desligadura cuando descubro
que la vida me espera con todo su esplendor
bajo el sol curativo de los días
y su jubilosa celebración.

ÍNDICE

ÁLBUM DE LOS VIAJES

I ~ LAS CIUDADES ENCENDIDAS

II ~ EN LOS MUSEOS

III ~ EL VIAJE INTERIOR

ÁLBUM DE LOS VIAJES
de Fernando Sánchez Mayo
N.º 7 de la colección AÑO XXV
vio la luz
en marzo de 2025
en Córdoba

Porque así lo siento... así lo escribo